Impressum
Verlag: BABADADA GmbH, Nedderfeld 112 , 22529 Hamburg
Geschäftsführer / Verlagsleitung: Harald Hof
Druck: Books on Demand GmbH, In de Tarpen 42, 22848 Norderstedt

Imprint
Publisher: BABADADA GmbH, Nedderfeld 112 , 22529 Hamburg, Germany
Managing Director / Publishing direction: Harald Hof
Print: Books on Demand GmbH, In de Tarpen 42, 22848 Norderstedt, Germany

škola
Schule

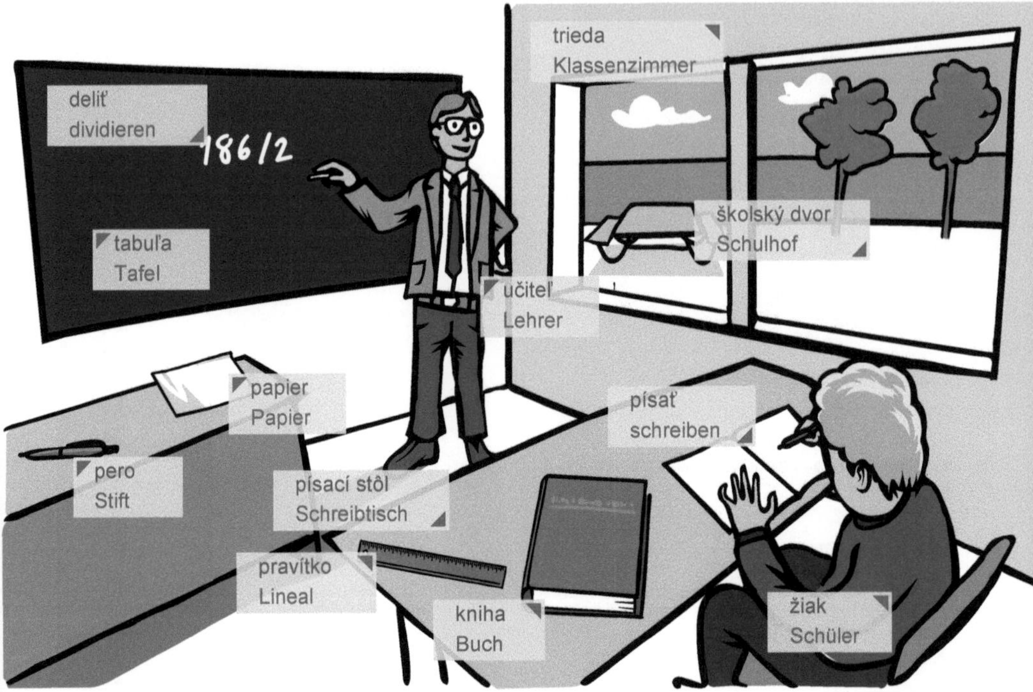
trieda
Klassenzimmer
deliť
dividieren
186/2
tabuľa
Tafel
školský dvor
Schulhof
učiteľ
Lehrer
papier
Papier
písať
schreiben
pero
Stift
písací stôl
Schreibtisch
pravítko
Lineal
kniha
Buch
žiak
Schüler

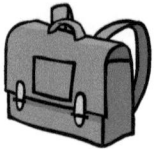

školská taška

Ranzen

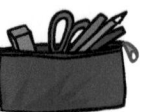

peračník

Federmappe

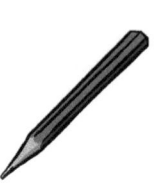

ceruza

Bleistift

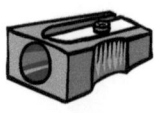

strúhadlo na ceruzky

Bleistiftanspitzer

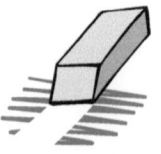

guma

Radiergummi

skicár

Zeichenblock

kresba

Zeichnung

štetec

Pinsel

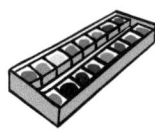

vodové farby

Malkasten

nožnice

Schere

lepidlo

Klebstoff

cvičný zošit

Übungsheft

domáca úloha

Hausaufgabe

číslo

Zahl

sčítať

addieren

odčítať

subtrahieren

násobiť

multiplizieren

počítať

rechnen

písmeno

Buchstabe

abeceda

Alphabet

slovo

Wort

text
....
Text

čítať
....
lesen

krieda
....
Kreide

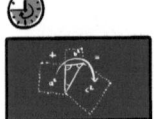

hodina
....
Stunde

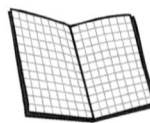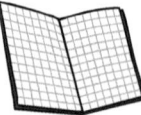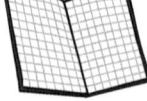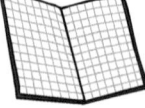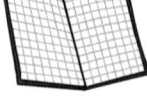

triedna kniha
....
Klassenbuch

skúška
....
Prüfung

certifikát
....
Zeugnis

školská uniforma
....
Schuluniform

vzdelanie
....
Ausbildung

encyklopédia
....
Lexikon

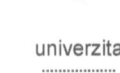

univerzita
....
Universität

mikroskop
....
Mikroskop

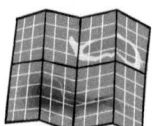

mapa
....
Karte

kôš na papier
....
Papierkorb

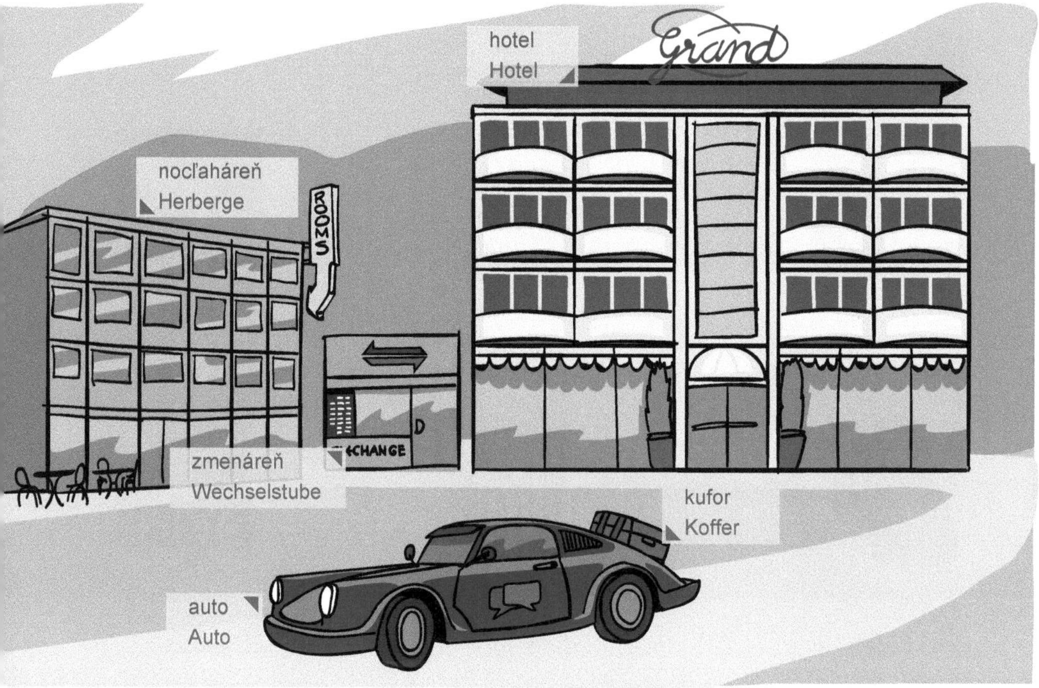

hotel
Hotel

Grand

nocľaháreň
Herberge

ROOMS

zmenáreň
Wechselstube

EXCHANGE

kufor
Koffer

auto
Auto

jazyk

Sprache

áno/nie

ja / nein

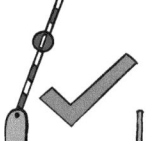

v poriadku

Okay

ahoj

Hallo

prekladateľ

Übersetzer

ďakujem

Danke

Koľko stojí ... ?

Was kostet...?

Nerozumiem

Ich verstehe nicht

problém

Problem

Dobrý večer!

Guten Abend!

Dobré ráno!

Guten Morgen!

Dobrú noc!

Gute Nacht!

Dovidenia

Auf Wiedersehen

smer

Richtung

batožina

Gepäck

taška

Tasche

batoh

Rucksack

hosť

Gast

izba

Zimmer

spacák

Schlafsack

stan

Zelt

informácie pre turistov

Touristeninformation

pláž

Strand

kreditná karta

Kreditkarte

obed

Mittagessen

večera

Abendessen

raňajky

Frühstück

cestovný lístok

Fahrkarte

výťah

Fahrstuhl

poštová známka

Briefmarke

hranica

Grenze

clo

Zoll

veľvyslanectvo

Botschaft

vízum

Visum

cestovný pas

Pass

doprava
Transport

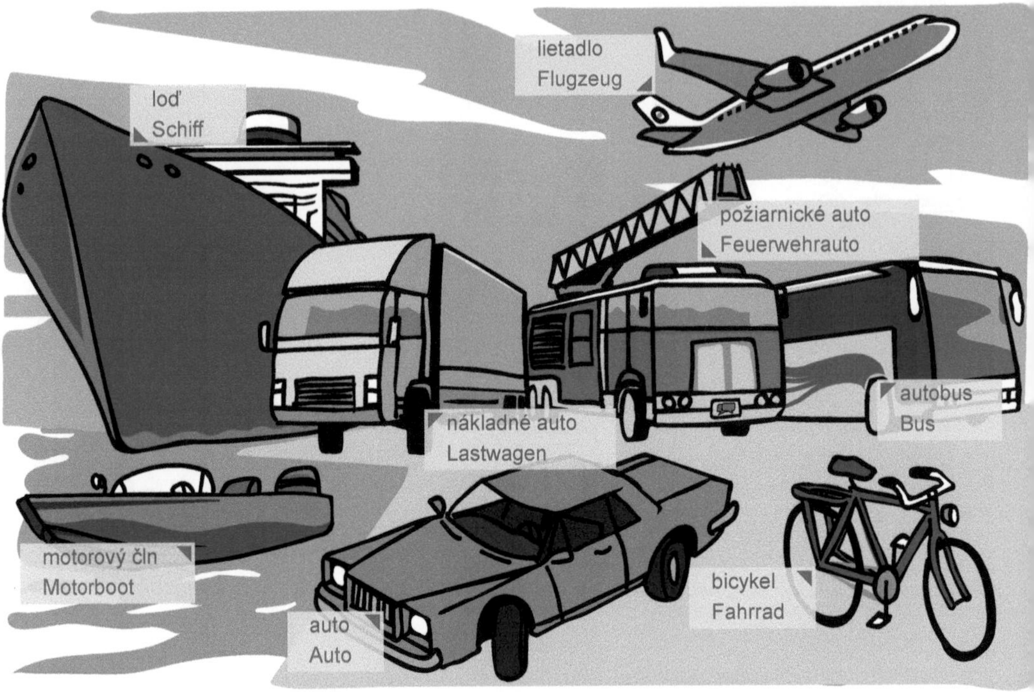

lietadlo
Flugzeug
loď
Schiff
požiarnické auto
Feuerwehrauto
autobus
Bus
nákladné auto
Lastwagen
motorový čln
Motorboot
bicykel
Fahrrad
auto
Auto

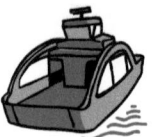

trajekt

Fähre

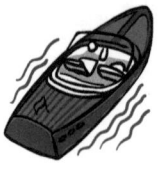

loď

Boot

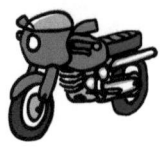

motorka

Motorrad

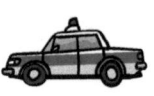

policajné auto

Polizeiauto

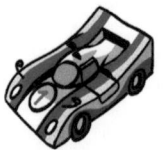

pretekárske auto

Rennauto

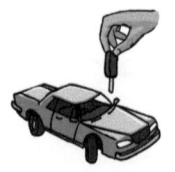

vozidlo z požičovne

Mietwagen

carsharing

Carsharing

odťahové auto

Abschleppwagen

smetiarske auto

Müllauto

motor

Motor

benzín

Kraftstoff

čerpacia stanica

Tankstelle

dopravná značka

Verkehrsschild

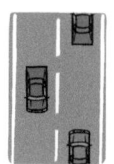

premávka

Verkehr

zápcha

Stau

parkovisko

Parkplatz

vlaková stanica

Bahnhof

trate

Schienen

vlak

Zug

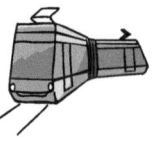

električka

Straßenbahn

vagón

Wagon

helikoptéra
Helikopter

letisko
Flughafen

veža
Tower

pasažier
Passagier

kontajner
Container

kartón
Karton

vozík
Karren

kôš
Korb

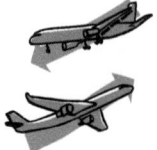

štartovať / pristáť
starten / landen

mesto
Stadt

dedina
Dorf

centrum mesta
Stadtzentrum

dom
Haus

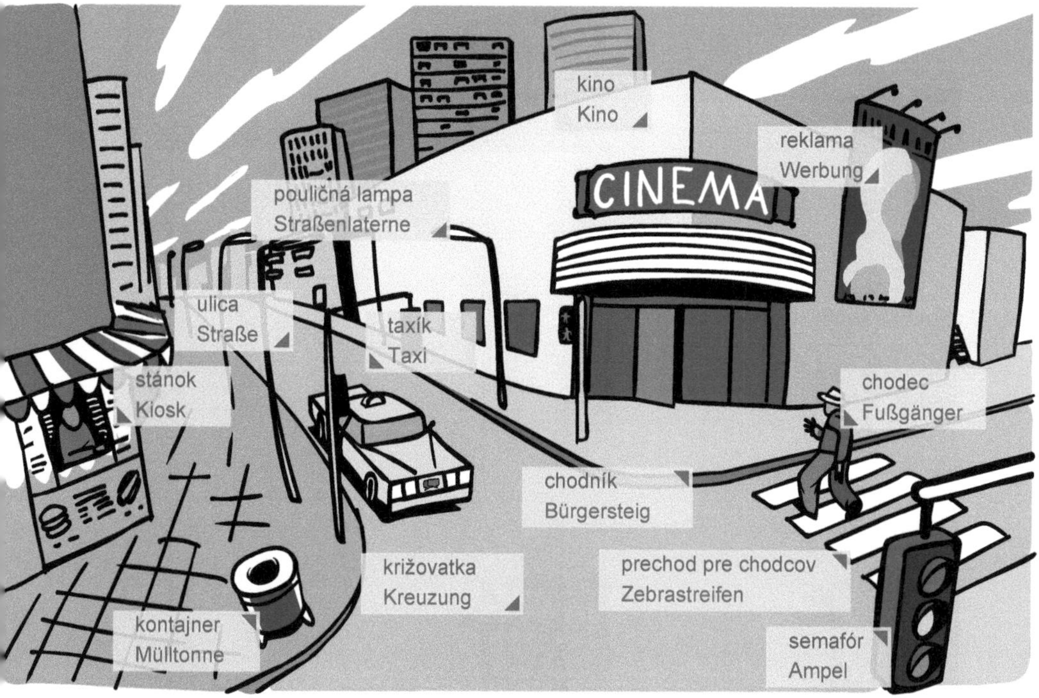
kino
Kino
reklama
Werbung
CINEMA
pouličná lampa
Straßenlaterne
ulica
Straße
taxík
Taxi
stánok
Kiosk
chodec
Fußgänger
chodník
Bürgersteig
križovatka
Kreuzung
prechod pre chodcov
Zebrastreifen
kontajner
Mülltonne
semafór
Ampel

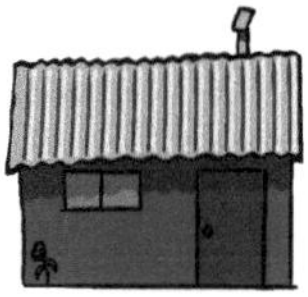

chata

Hütte

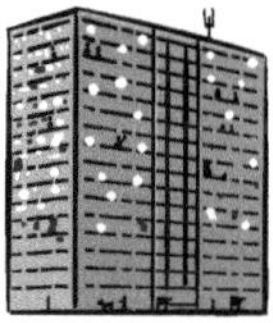

byt

Wohnung

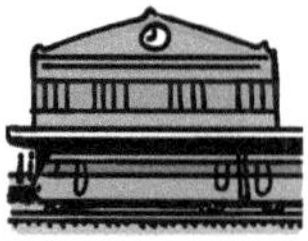

vlaková stanica

Bahnhof

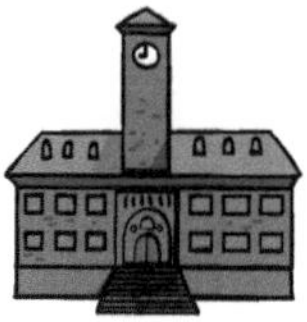

radnica

Rathaus

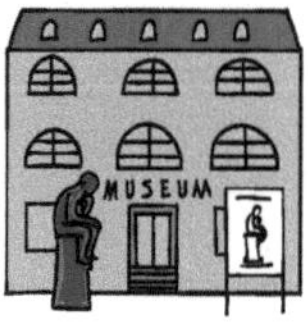

múzeum

Museum

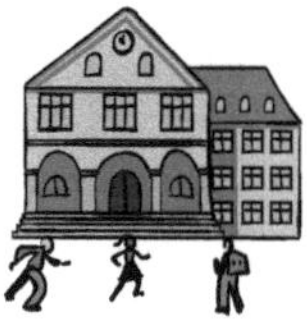

škola

Schule

univerzita

Universität

banka

Bank

nemocnica

Krankenhaus

hotel

Hotel

lekáreň

Apotheke

kancelária

Büro

kníhkupectvo

Buchhandlung

obchod

Geschäft

kvetinárstvo

Blumenladen

supermarket

Supermarkt

trh

Markt

obchodný dom

Kaufhaus

obchodník s rybami

Fischhändler

nákupné stredisko

Einkaufszentrum

prístav

Hafen

park
Park

lavička
Bank

most
Brücke

schody
Treppe

metro
U-Bahn

tunel
Tunnel

autobusová zastávka
Bushaltestelle

bar
Bar

reštaurácia
Restaurant

poštová schránka
Briefkasten

tabuľa s názvom ulice
Straßenschild

parkovacie hodiny
Parkuhr

ZOO
Zoo

plaváreň
Badeanstalt

mešita
Moschee

farma
Bauernhof

znečisťovanie životného prostredia
Umweltverschmutzung

cintorín
Friedhof

kostol
Kirche

ihrisko
Spielplatz

chrám
Tempel

terén
Landschaft

list
Blatt

smerová tabuľa
Wegweiser

cesta
Weg

lúka
Wiese

kameň
Stein

strom
Baum

turista
Wanderer

rieka
Fluss

tráva
Gras

kvet
Blume

dolina

Tal

kopec

Berg

jazero

See

les

Wald

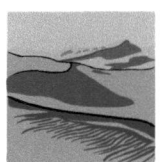

púšť

Wüste

vulkán

Vulkan

zámok

Schloss

dúha

Regenbogen

hríb

Pilz

palma

Palme

komár

Moskito

mucha

Fliege

mravec

Ameise

včela

Biene

pavúk

Spinne

chrobák

Käfer

žaba

Frosch

veverička

Eichhörnchen

jež

Igel

zajac

Hase

sova

Eule

vták

Vogel

labuť

Schwan

diviak

Wildschwein

jeleň

Hirsch

los

Elch

hrádza

Staudamm

veterná turbína

Windrad

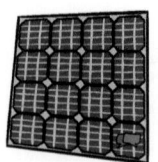

solárny panel

Solarmodul

podnebie

Klima

reštaurácia
Restaurant

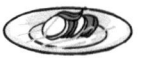

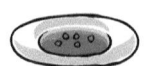

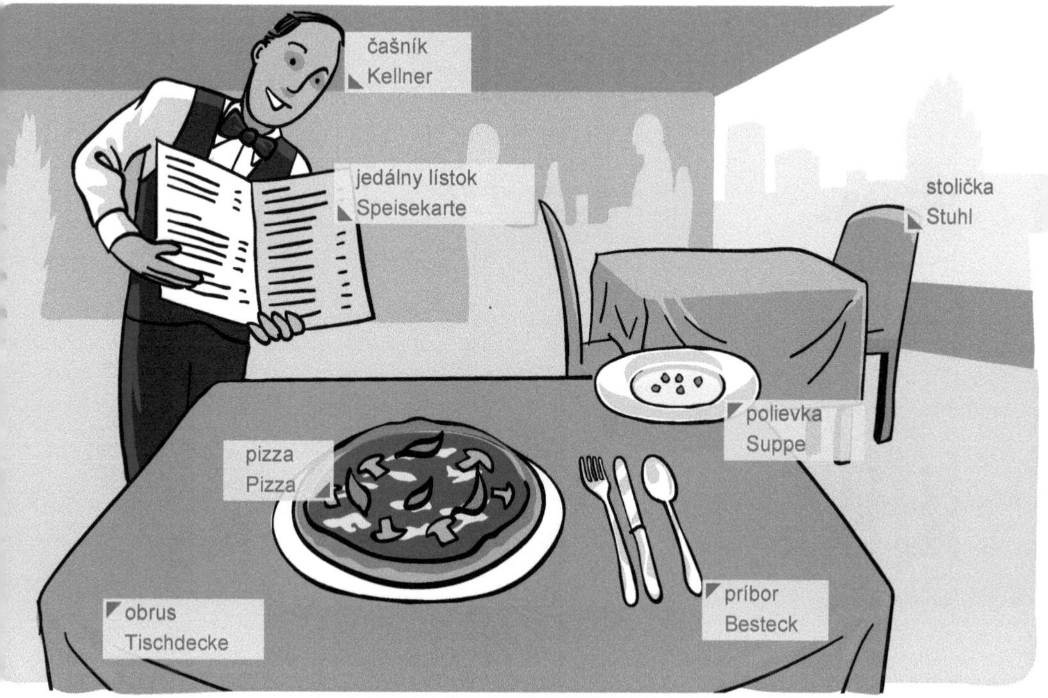

čašník
Kellner
jedálny lístok
Speisekarte
stolička
Stuhl
polievka
Suppe
pizza
Pizza
obrus
Tischdecke
príbor
Besteck

predjedlo

Vorspeise

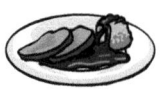

hlavné jedlo

Hauptgericht

zákusok

Nachspeise

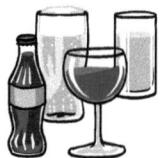

nápoje

Getränke

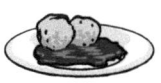

jedlo

Essen

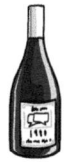

fľaša

Flasche

fast-food

Fastfood

street food

Streetfood

kanvica na čaj

Teekanne

cukornička

Zuckerdose

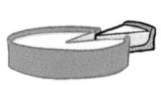

porcia

Portion

stroj na espresso

Espressomaschine

detská stolička

Hochstuhl

účet

Rechnung

podnos

Tablett

nôž

Messer

vidlička

Gabel

lyžica

Löffel

čajová lyžička

Teelöffel

obrúsok

Serviette

pohár

Glas

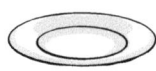

tanier

Teller

hlboký tanier

Suppenteller

podšálka

Untertasse

omáčka

Sauce

soľnička

Salzstreuer

mlynček na korenie

Pfeffermühle

ocot

Essig

olej

Öl

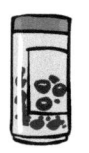

korenie

Gewürze

kečup

Ketchup

horčica

Senf

majonéza

Mayonnaise

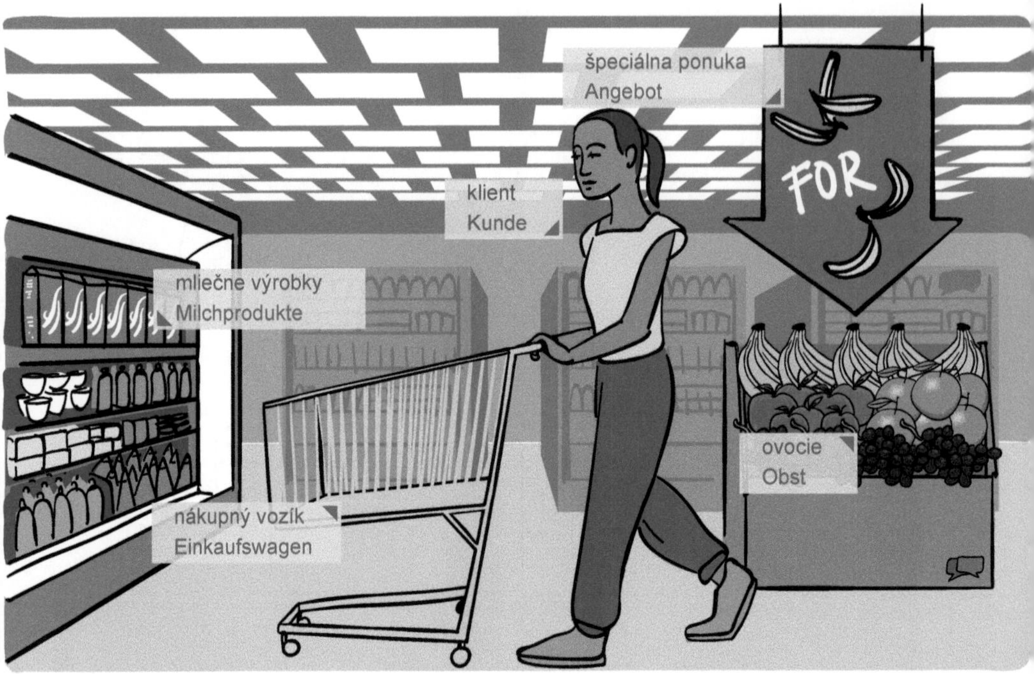

špeciálna ponuka
Angebot
FOR
klient
Kunde
mliečne výrobky
Milchprodukte
ovocie
Obst
nákupný vozík
Einkaufswagen

BUTCHERS

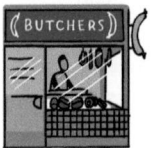

mäsiarstvo

Schlachterei

BAKERY

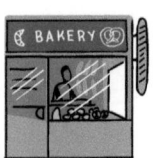

pekáreň

Bäckerei

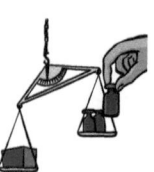

vážiť

wiegen

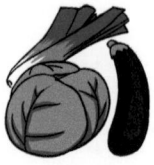

zelenina

Gemüse

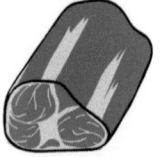

mäso

Fleisch

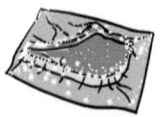

mrazené potraviny

Tiefkühlkost

nárez
Aufschnitt

konzervy
Konserven

prací prostriedok
Waschmittel

sladkosti
Süßigkeiten

domáce potreby
Haushaltsartikel

čistiace prostriedky
Reinigungsmittel

predavačka
Verkäuferin

pokladňa
Kasse

pokladník
Kassierer

nákupný zoznam
Einkaufsliste

otváracie hodiny
Öffnungszeiten

peňaženka
Brieftasche

kreditná karta
Kreditkarte

taška
Tasche

plastové vrecko
Plastiktüte

voda

Wasser

džús

Saft

mlieko

Milch

kola

Cola

víno

Wein

pivo

Bier

alkohol

Alkohol

kakao

Kakao

čaj

Tee

káva

Kaffee

espresso

Espresso

kapučíno

Cappuccino

banán

Banane

jablko

Apfel

pomaranč

Orange

melón

Melone

citrón

Zitrone

mrkva

Karotte

cesnak

Knoblauch

bambus

Bambus

cibuľa

Zwiebel

hríb

Pilz

orechy

Nüsse

rezance

Nudeln

špagety

Spaghetti

ryža

Reis

šalát

Salat

hranolky

Pommes frites

pečené zemiaky

Bratkartoffeln

pizza

Pizza

hamburger

Hamburger

obložený chlebík

Sandwich

rezeň

Schnitzel

šunka

Schinken

saláma

Salami

klobása

Wurst

kurča

Huhn

pečené mäso

Braten

ryba

Fisch

ovsené vločky

Haferflocken

müsli

Müsli

kukuričné lupienky

Cornflakes

múka

Mehl

croissant

Croissant

pečivo

Brötchen

chlieb

Brot

hrianka

Toast

sušienky

Kekse

maslo

Butter

tvaroh

Quark

koláč

Kuchen

vajce

Ei

volské oko

Spiegelei

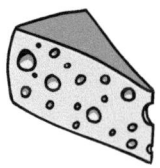

syr

Käse

zmrzlina

Eiscreme

cukor

Zucker

med

Honig

lekvár

Marmelade

nugátová nátierka

Nougat-Creme

karí korenie

Curry

farma
Bauernhof

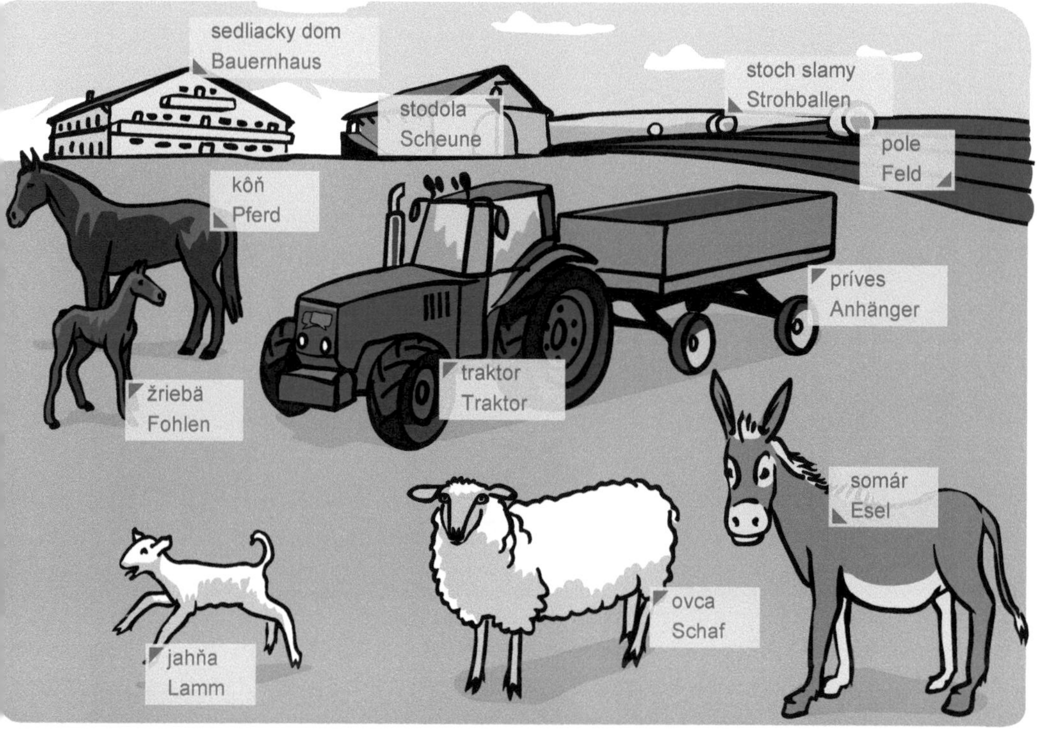
sedliacky dom
Bauernhaus
stodola
Scheune
stoch slamy
Strohballen
pole
Feld
kôň
Pferd
príves
Anhänger
žriebä
Fohlen
traktor
Traktor
somár
Esel
ovca
Schaf
jahňa
Lamm

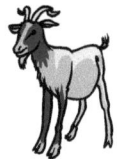

koza
Ziege

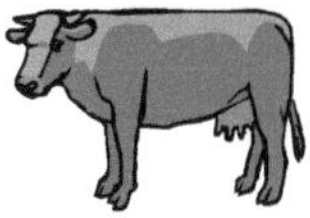

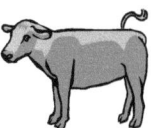

krava
Kuh

teľa
Kalb

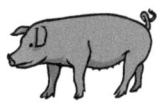

prasa
Schwein

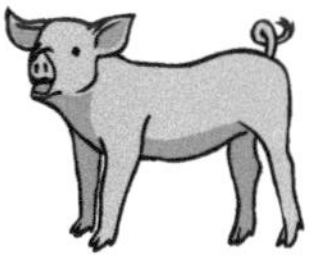

prasiatko
Ferkel

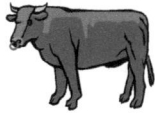

býk
Bulle

hus

Gans

kačica

Ente

kuriatko

Küken

sliepka

Huhn

kohút

Hahn

potkan

Ratte

mačka

Katze

myš

Maus

vôl

Ochse

pes

Hund

psia búda

Hundehütte

záhradná hadica

Gartenschlauch

krhla

Gießkanne

kosa

Sense

pluh

Pflug

kosák

Sichel

motyka

Hacke

vidly na hnoj

Mistgabel

sekera

Axt

fúrik

Schubkarre

koryto

Trog

kanva na mlieko

Milchkanne

vrece

Sack

plot

Zaun

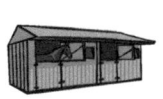

maštaľ

Stall

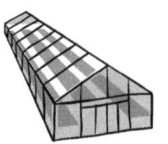

skleník

Treibhaus

pôda

Boden

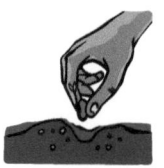

osivo

Saat

hnojivo

Dünger

kombajn

Mähdrescher

žať
ernten

žatva
Ernte

batát
Yamswurzel

pšenica
Weizen

sója
Soja

zemiak
Kartoffel

kukurica
Mais

repka
Raps

ovocný strom
Obstbaum

maniok
Maniok

obilie
Getreide

dom
Haus

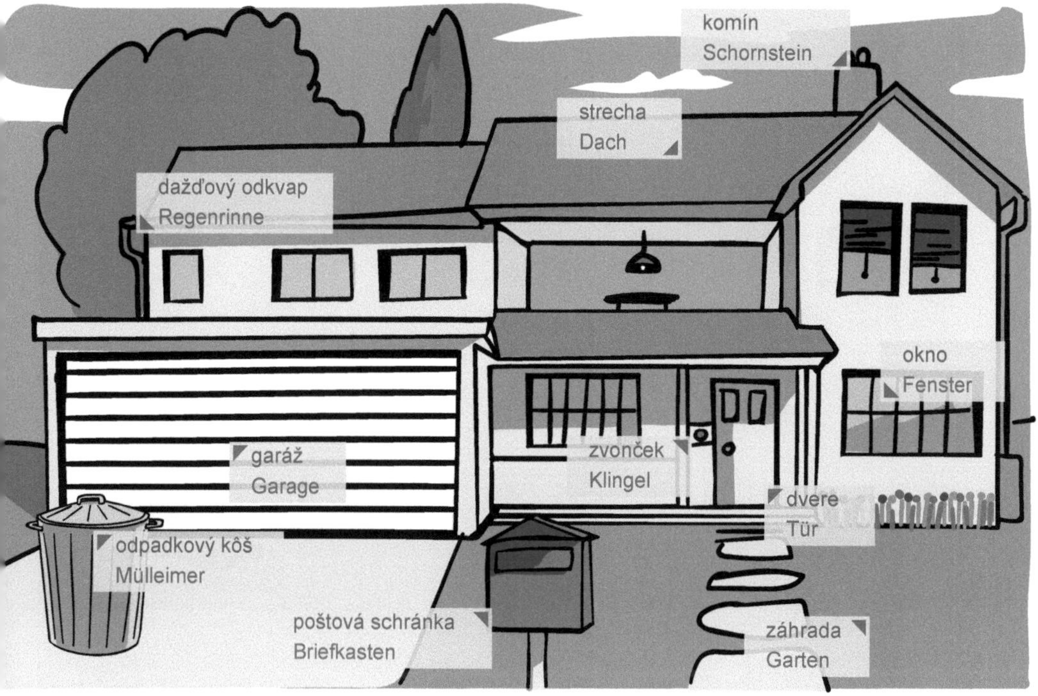
komín
Schornstein
strecha
Dach
dažďový odkvap
Regenrinne
okno
Fenster
garáž
Garage
zvonček
Klingel
dvere
Tür
odpadkový kôš
Mülleimer
poštová schránka
Briefkasten
záhrada
Garten

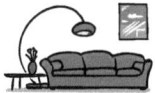

obývačka

Wohnzimmer

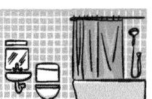

kúpeľňa

Badezimmer

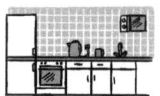

kuchyňa

Küche

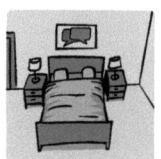

spálňa

Schlafzimmer

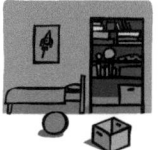

detská izba

Kinderzimmer

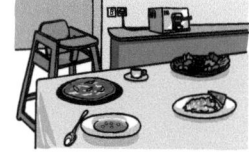

jedáleň

Esszimmer

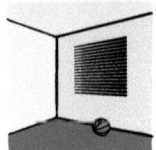

podlaha

Boden

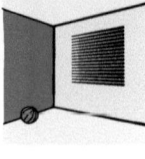

stena

Wand

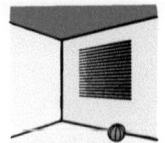

strop

Decke

pivnica

Keller

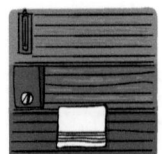

sauna

Sauna

balkón

Balkon

terasa

Terrasse

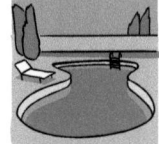

bazén

Schwimmbad

kosačka

Rasenmäher

obliečka

Bettbezug

posteľná prikrývka

Bettdecke

posteľ

Bett

metla

Besen

vedro

Eimer

vypínač

Schalter

obývačka
Wohnzimmer

tapeta
Tapete
obraz
Bild
lampa
Lampe
regál
Regal
skriňa
Schrank
televízor
Fernseher
kozub
Kamin
kvet
Blume
vankúš
Kissen
pohovka
Sofa
váza
Vase
diaľkové ovládanie
Fernbedienung

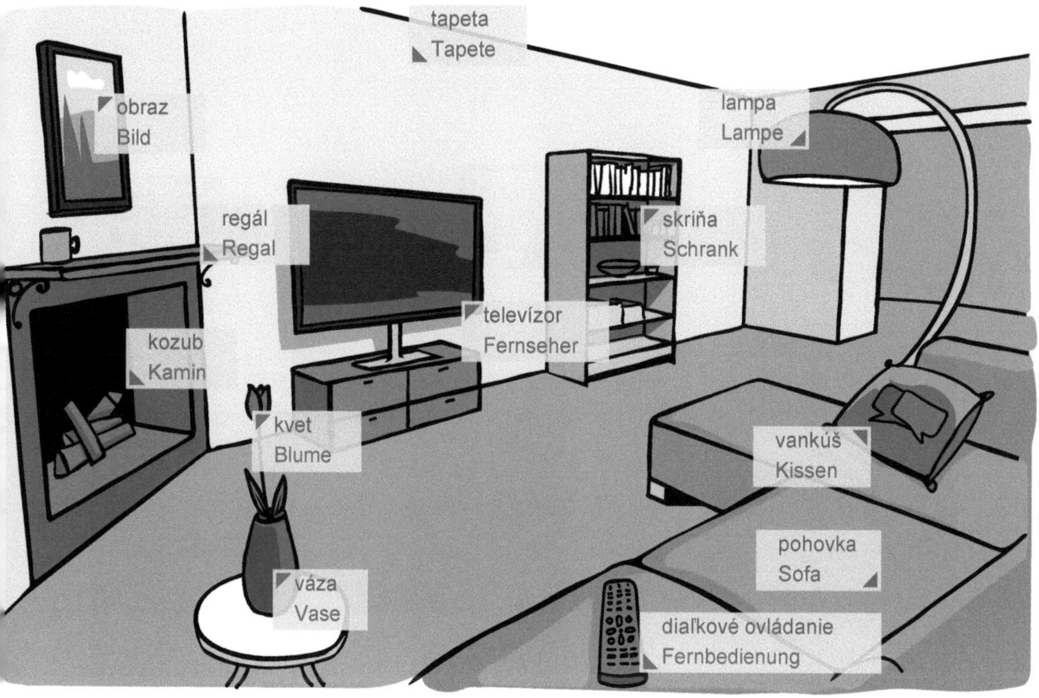

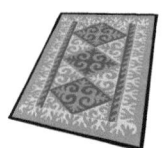

koberec

Teppich

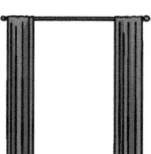

záclona

Vorhang

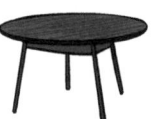

stôl

Tisch

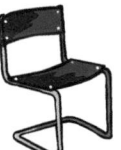

stolička

Stuhl

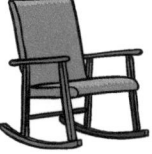

hojdacie kreslo

Schaukelstuhl

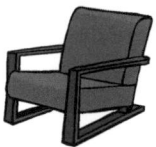

kreslo

Sessel

kniha

Buch

prikrývka

Decke

dekorácia

Dekoration

drevo na kúrenie

Feuerholz

film

Film

hi-fi veža

Stereoanlage

kľúč

Schlüssel

noviny

Zeitung

maľba

Gemälde

plagát

Poster

rádio

Radio

zápisník

Notizblock

vysávač

Staubsauger

kaktus

Kaktus

sviečka

Kerze

kuchyňa
Küche

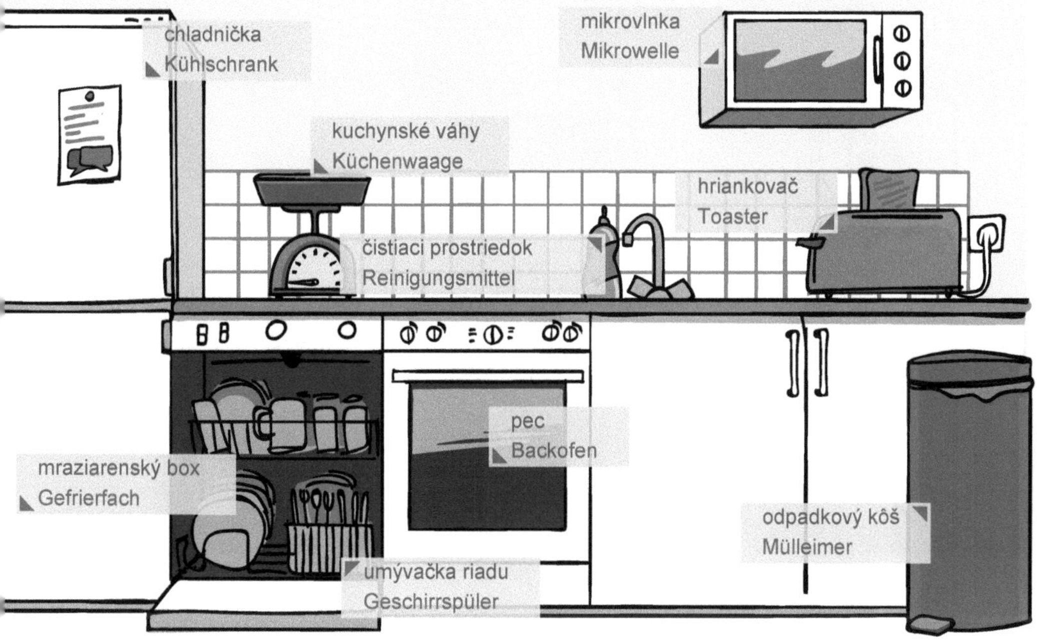
chladnička
Kühlschrank
mikrovlnka
Mikrowelle
kuchynské váhy
Küchenwaage
hriankovač
Toaster
čistiaci prostriedok
Reinigungsmittel
pec
Backofen
mraziarenský box
Gefrierfach
odpadkový kôš
Mülleimer
umývačka riadu
Geschirrspüler

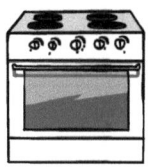

sporák
....
Herd

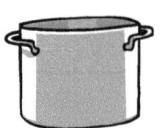

hrniec
....
Topf

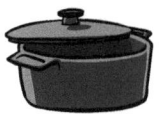

železný hrniec
....
Eisentopf

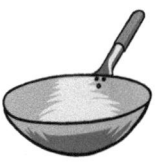

wok / kadai
....
Wok / Kadai

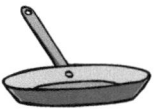

panvica
....
Pfanne

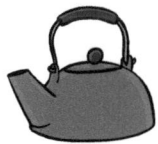

rýchlovarná kanvica
....
Wasserkocher

parný hrniec

Dampfgarer

plech na pečenie

Backblech

riad

Geschirr

pohár

Becher

misa

Schale

paličky

Essstäbchen

naberačka na polievku

Suppenkelle

stierka

Pfannenwender

metlička

Schneebesen

cedidlo

Kochsieb

sitko

Sieb

strúhadlo

Reibe

mažiar

Mörser

gril

Grill

ohnisko

Feuerstelle

doska na krájanie

Schneidebrett

valček na cesto

Nudelholz

vývrtka

Korkenzieher

konzerva

Dose

otvárač na konzervy

Dosenöffner

chňapka

Topflappen

výlevka

Waschbecken

kefa

Bürste

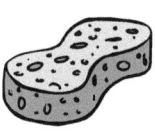

hubka

Schwamm

mixér

Mixer

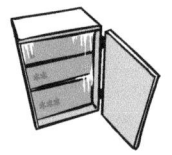

mraznička

Gefriertruhe

kojenecká fľaša

Babyflasche

vodovodný kohútik

Wasserhahn

kúpeľňa
Badezimmer

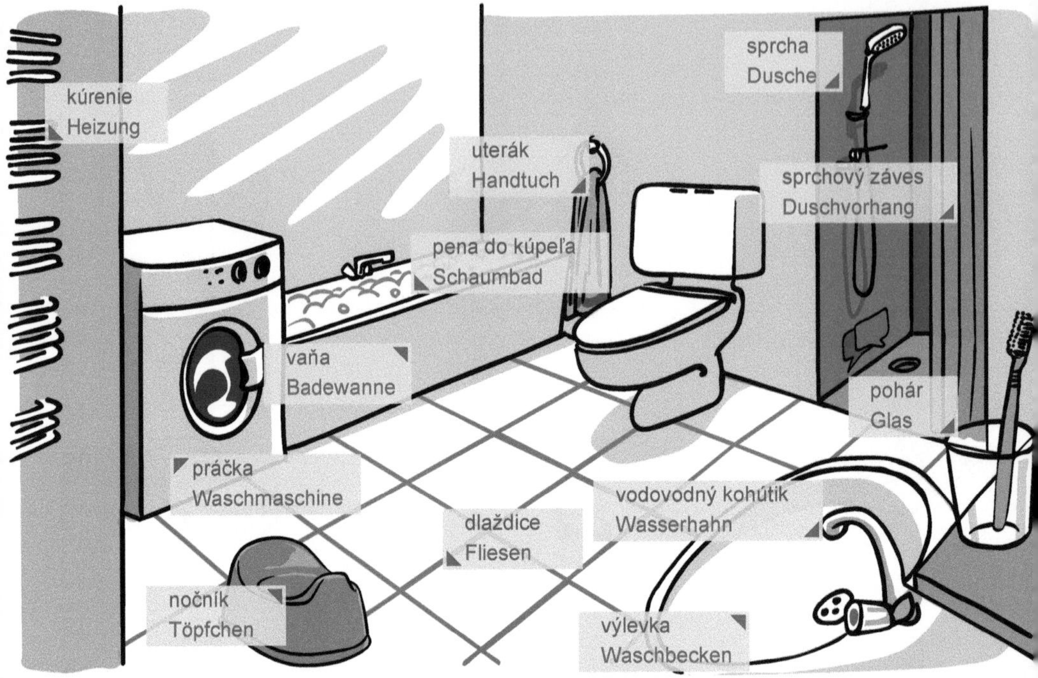

kúrenie
Heizung
uterák
Handtuch
sprcha
Dusche
sprchový záves
Duschvorhang
pena do kúpeľa
Schaumbad
vaňa
Badewanne
pohár
Glas
práčka
Waschmaschine
vodovodný kohútik
Wasserhahn
dlaždice
Fliesen
nočník
Töpfchen
výlevka
Waschbecken

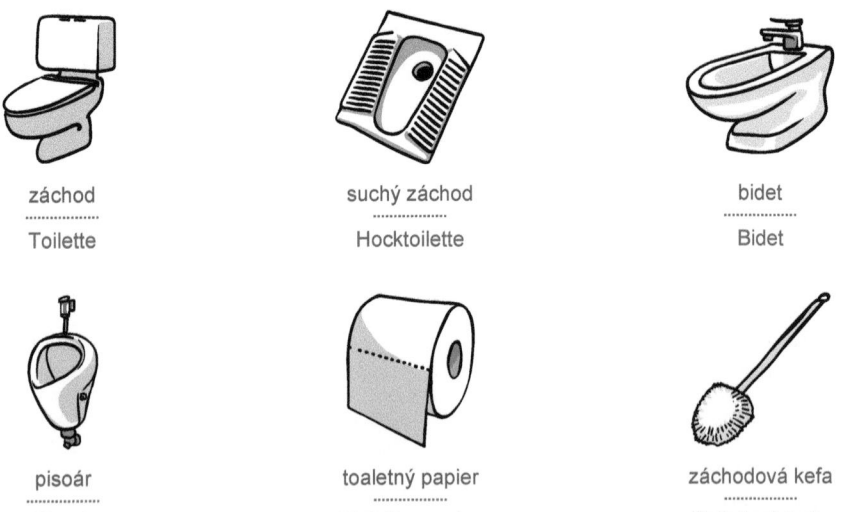

záchod

Toilette

suchý záchod

Hocktoilette

bidet

Bidet

pisoár

Pissoir

toaletný papier

Toilettenpapier

záchodová kefa

Toilettenbürste

zubná kefka

Zahnbürste

zubná pasta

Zahnpasta

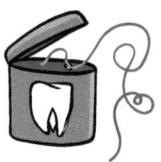

dentálna niť

Zahnseide

umývať

waschen

ručná sprcha

Handbrause

sprcha pre intímnu hygienu

Intimdusche

umývadlo

Waschschüssel

kefa na chrbát

Rückenbürste

mydlo

Seife

sprchový gél

Duschgel

šampón

Shampoo

frotírová rukavica

Waschlappen

odtok

Abfluss

krém

Creme

dezodorant

Deodorant

zrkadlo	kozmetické zrkadlo	žiletka
Spiegel	Kosmetikspiegel	Rasierer

pena na holenie	voda po holení	hrebeň
Rasierschaum	Rasierwasser	Kamm

kefa	sušič vlasov	sprej na vlasy
Bürste	Föhn	Haarspray

make-up	rúž	lak na nechty
Makeup	Lippenstift	Nagellack

vata	nožnice na nechty	parfum
Watte	Nagelschere	Parfum

kozmetická taška

Kulturbeutel

stolček

Hocker

váha

Waage

kúpací plášť

Bademantel

gumové rukavice

Gummihandschuhe

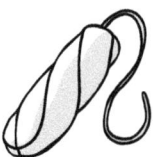

tampón

Tampon

menštruačná vložka

Damenbinde

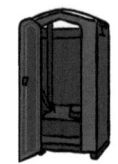

chemické WC

Chemietoilette

detská izba
Kinderzimmer

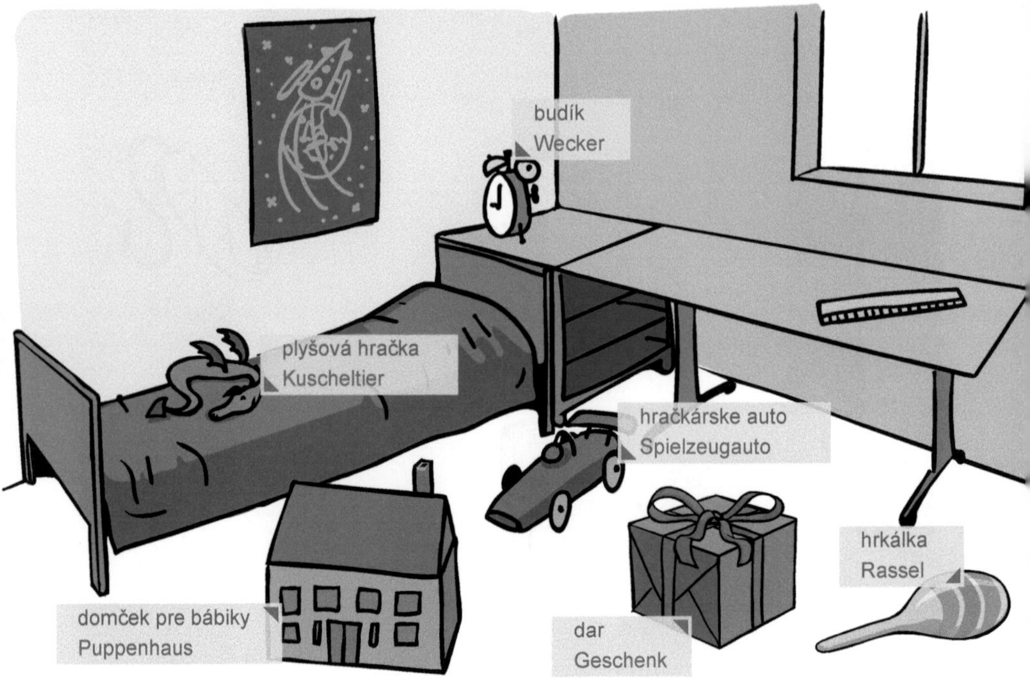
budík
Wecker
plyšová hračka
Kuscheltier
hračkárske auto
Spielzeugauto
hrkálka
Rassel
domček pre bábiky
Puppenhaus
dar
Geschenk

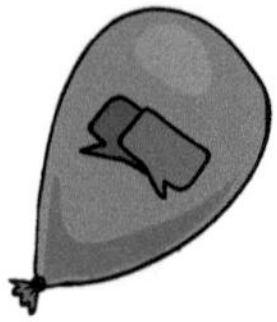

balón

Ballon

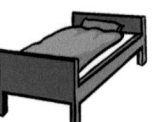

posteľ

Bett

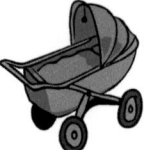

detský kočík

Kinderwagen

karty

Kartenspiel

puzzle

Puzzle

SUPER
MEGA

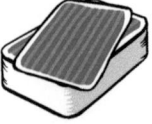

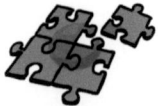

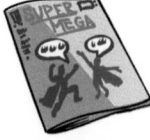

komix

Comic

skladačka lego

Legosteine

stavebnica

Bausteine

akčná postavička

Action Figur

dupačky

Strampelanzug

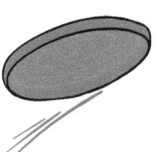

lietajúci tanier

Frisbee

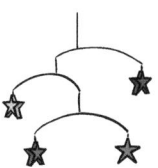

závesné hračky

Mobile

stolová hra

Brettspiel

kocka

Würfel

modelový vláčik

Modelleisenbahn

cumlík

Schnuller

párty

Party

obrázková kniha

Bilderbuch

lopta

Ball

bábika

Puppe

hrať sa

spielen

pieskovisko

Sandkasten

hojdačka

Schaukel

hračky

Spielzeug

hracia konzola

Spielkonsole

trojkolka

Dreirad

medvedík

Teddy

šatník

Kleiderschrank

šatstvo

Kleidung

ponožky

Socken

pančuchy

Strümpfe

pančuchové nohavičky

Strumpfhose

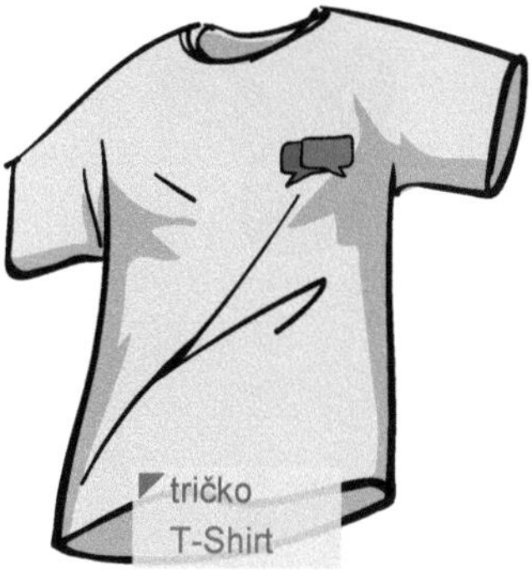

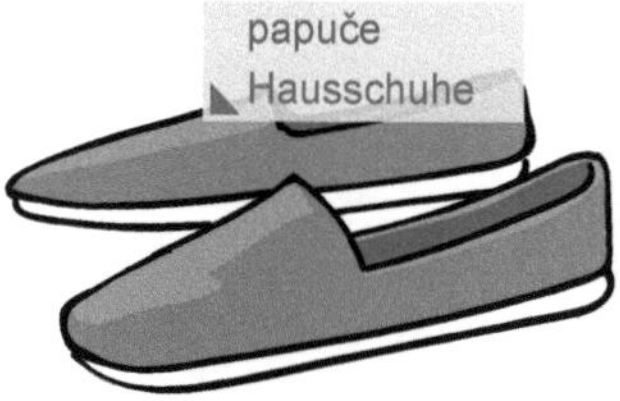

šál
Schal

opasok
Gürtel

dáždnik
Regenschirm

tričko
T-Shirt

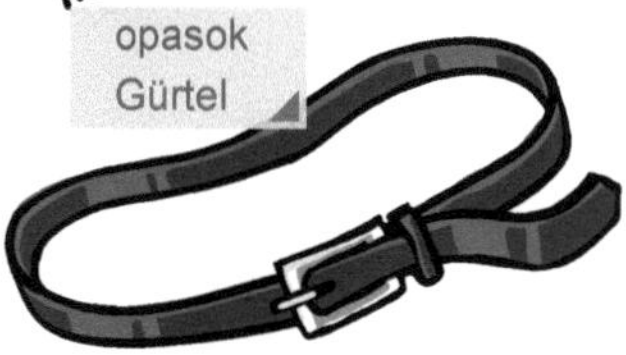

čížmy
Stiefel

papuče
Hausschuhe

tenisky
Turnschuhe

sandále
....
Sandalen

topánky
....
Schuhe

gumáky
....
Gummistiefel

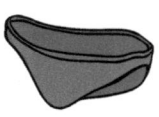

spodky
....
Unterhose

podprsenka
....
Büstenhalter

tielko
....
Unterhemd

body
Body

nohavice
Hose

džínsy
Jeans

sukňa
Rock

blúzka
Bluse

košeľa
Hemd

pulóver
Pullover

sveter
Kapuzenpullover

blejzer
Blazer

bunda
Jacke

kabát
Mantel

pršiplášť
Regenmantel

kostým
Kostüm

šaty
Kleid

svadobné šaty
Hochzeitskleid

oblek

Anzug

nočná košeľa

Nachthemd

pyžamo

Schlafanzug

sari

Sari

šatka na hlavu

Kopftuch

turban

Turban

burka

Burka

kaftan

Kaftan

abaja

Abaya

dvojdielne plavky

Badeanzug

plavky

Badehose

šortky

Kurze Hose

teplaková súprava

Trainingsanzug

zástera

Schürze

rukavice

Handschuhe

gombík

Knopf

okuliare

Brille

náramok

Armband

retiazka

Halskette

prsteň

Ring

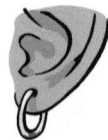

náušnica

Ohrring

čiapka

Mütze

vešiak

Kleiderbügel

klobúk

Hut

kravata

Krawatte

zips

Reißverschluss

prilba

Helm

traky

Hosenträger

školská uniforma

Schuluniform

uniforma

Uniform

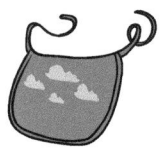

podbradník

Lätzchen

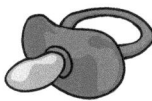

cumlík

Schnuller

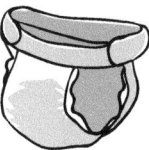

plienka

Windel

kancelária
Büro

server
Server
skriňa na spisy
Aktenschrank
tlačiareň
Drucker
papier
Papier
monitor
Monitor
myš
Maus
písací stôl
Schreibtisch
zakladač
Ordner
klávesnica
Tastatur
kôš na papier
Papierkorb
počítač
Computer
stolička
Stuhl

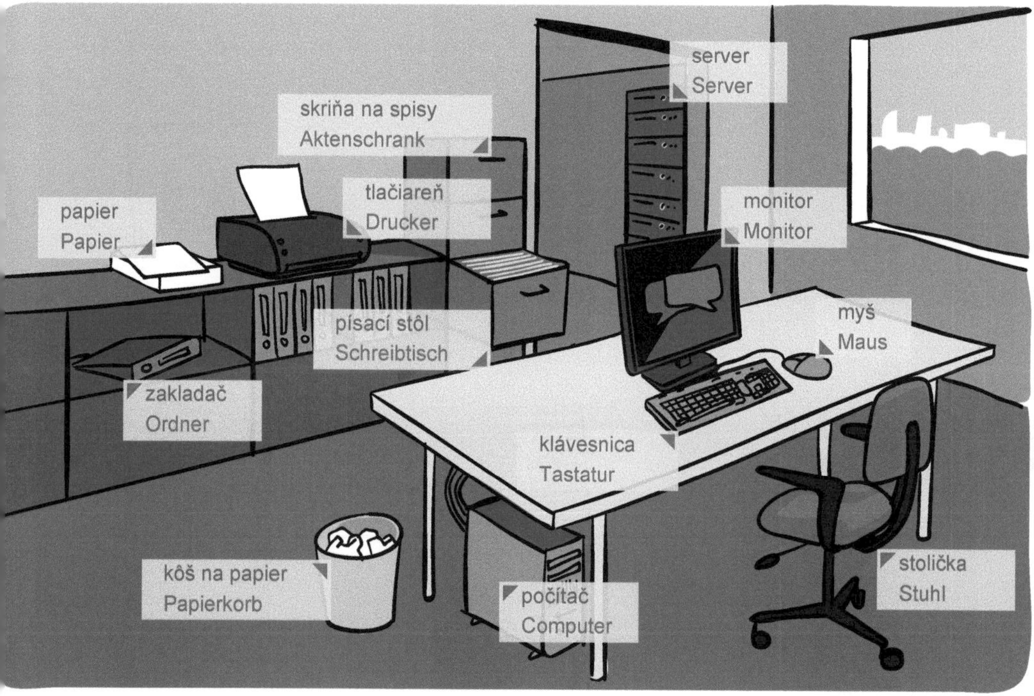

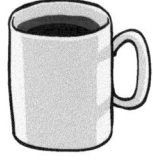

hrnček na kávu

Kaffeebecher

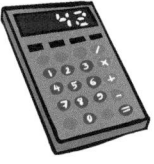

kalkulačka

Taschenrechner

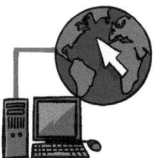

internet

Internet

laptop

Laptop

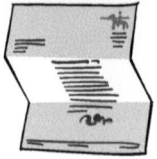

list

Brief

správa

Nachricht

mobil

Handy

sieť

Netzwerk

kopírka

Kopierer

softvér

Software

telefón

Telefon

elektrická zásuvka

Steckdose

fax

Fax

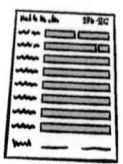

formulár

Formular

doklad

Dokument

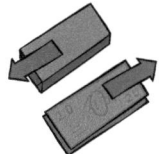

kúpiť

kaufen

platiť

bezahlen

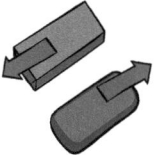

obchodovať

handeln

peniaze

Geld

dolár

Dollar

euro

Euro

jen

Yen

rubeľ

Rubel

švajčiarsky frank

Franken

čínsky jüan

Renminbi Yuan

rupia

Rupie

bankomat

Geldautomat

zmenáreň

Wechselstube

zlato

Gold

striebro

Silber

ropa

Öl

energia

Energie

cena

Preis

zmluva

Vertrag

daň

Steuer

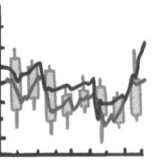

akcia

Aktie

pracovať

arbeiten

zamestnanec

Angestellter

zamestnávateľ

Arbeitgeber

továreň

Fabrik

obchod

Geschäft

povolania
Berufe

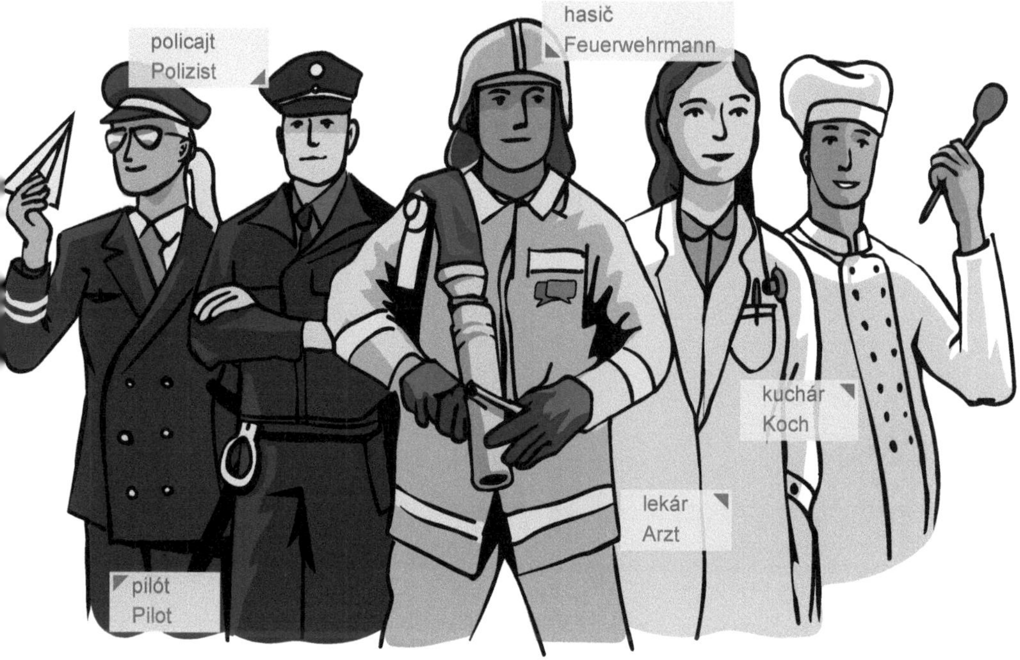

policajt
Polizist
hasič
Feuerwehrmann
kuchár
Koch
lekár
Arzt
pilót
Pilot

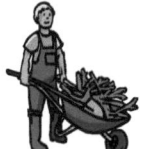

záhradník

Gärtner

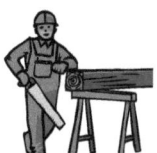

stolár

Tischler

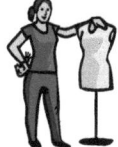

krajčírka

Näherin

sudca

Richter

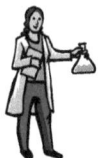

chemik

Chemiker

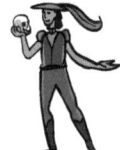

herec

Schauspieler

vodič autobusu

Busfahrer

taxikár

Taxifahrer

rybár

Fischer

upratovačka

Putzfrau

pokrývač

Dachdecker

čašník

Kellner

poľovník

Jäger

maliar

Maler

pekár

Bäcker

elektrikár

Elektriker

stavebný robotník

Bauarbeiter

inžinier

Ingenieur

mäsiar

Schlachter

klampiar

Klempner

poštár

Postbote

vojak

Soldat

architekt

Architekt

pokladník

Kassierer

kvetinár

Florist

kaderník

Friseur

sprievodca

Schaffner

mechanik

Mechaniker

kapitán

Kapitän

zubár

Zahnarzt

vedec

Wissenschaftler

rabín

Rabbi

imám

Imam

mních

Mönch

farár

Geistlicher

náradie
Werkzeuge

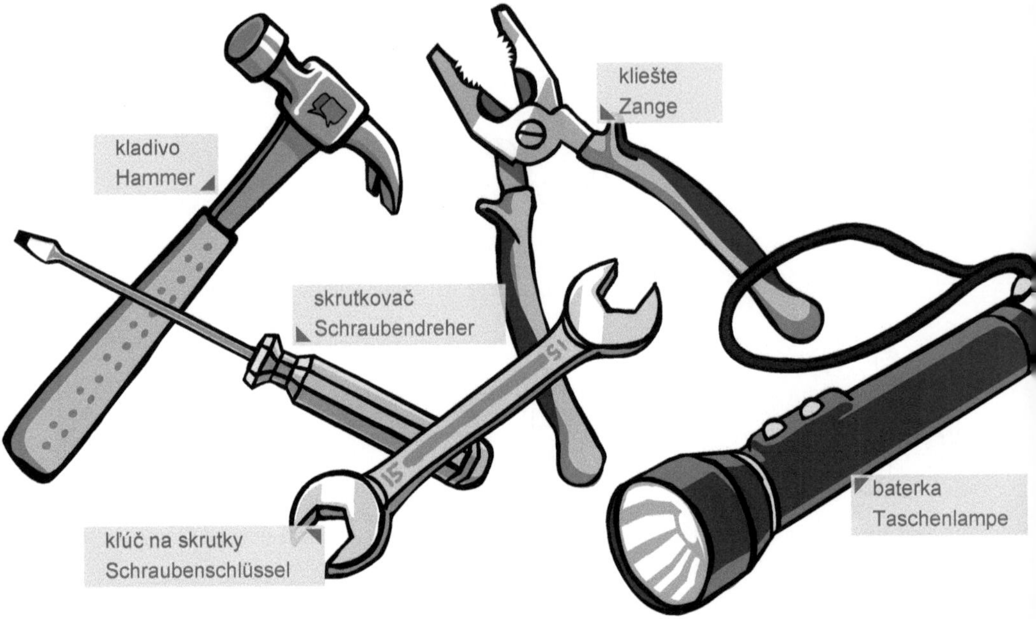
kladivo
Hammer
kliešte
Zange
skrutkovač
Schraubendreher
kľúč na skrutky
Schraubenschlüssel
baterka
Taschenlampe

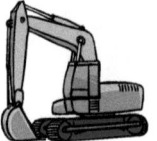

bager

Bagger

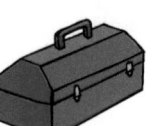

súprava náradia

Werkzeugkasten

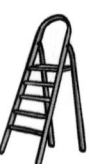

rebrík

Leiter

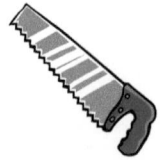

pílka

Säge

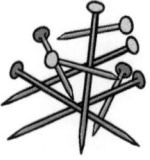

klince

Nägel

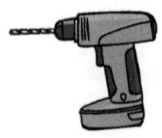

vrták

Bohrer

opravit'
....
reparieren

lopata
....
Schaufel

Do čerta!
....
Mist!

lopatka na smeti
....
Kehrblech

nádoba s farbou
....
Farbtopf

skrutky
....
Schrauben

hudobné nástroje
Musikinstrumente

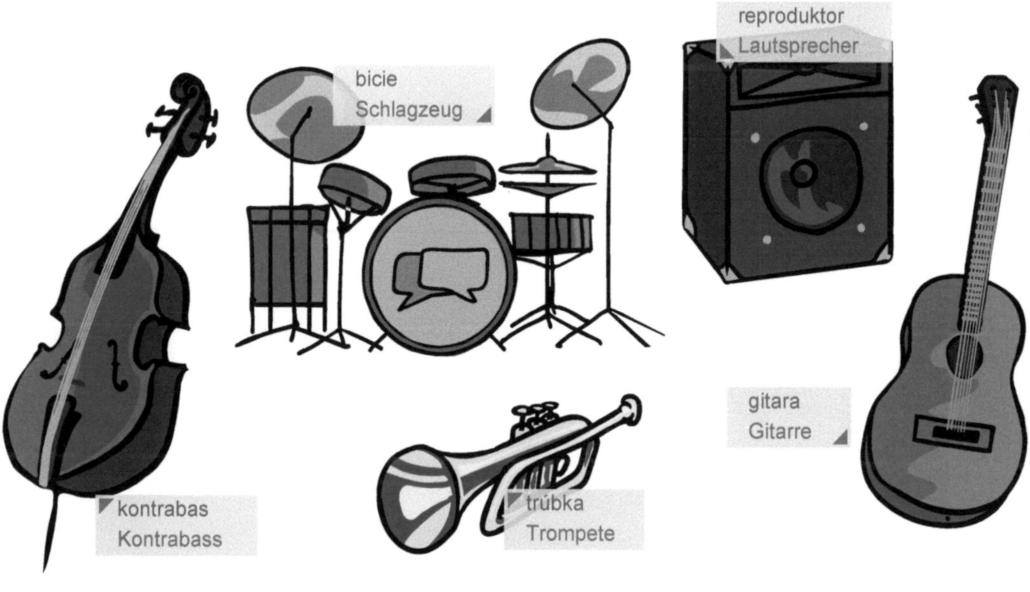

reproduktor
Lautsprecher

bicie
Schlagzeug

gitara
Gitarre

kontrabas
Kontrabass

trúbka
Trompete

klavír

Klavier

husle

Violine

basa

Bass

tympany

Pauke

bubon

Trommeln

klávesnica

Keyboard

saxofón

Saxophon

flauta

Flöte

mikrofón

Mikrofon

ZOO
Zoo

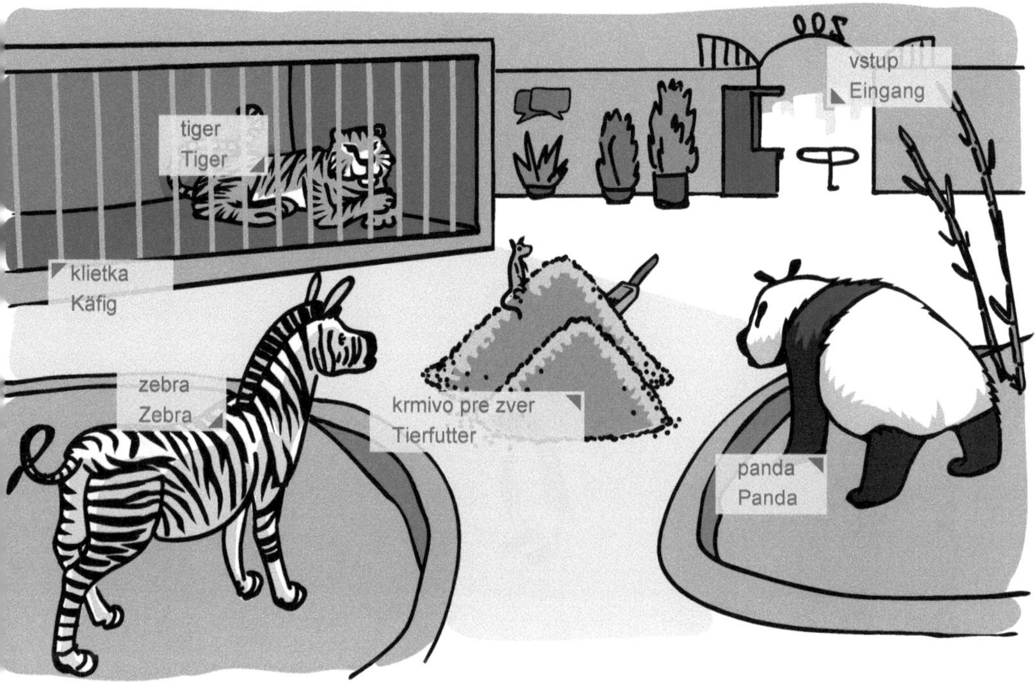
vstup
Eingang
tiger
Tiger
klietka
Käfig
zebra
Zebra
krmivo pre zver
Tierfutter
panda
Panda

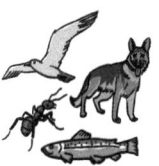

zvieratá

Tiere

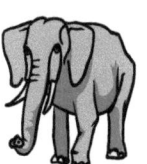

slon

Elefant

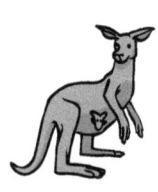

klokan

Känguru

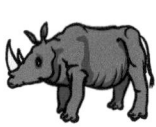

nosorožec

Nashorn

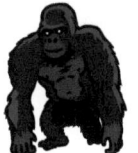

gorila

Gorilla

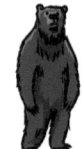

medveď

Bär

ťava

Kamel

pštros

Strauß

lev

Löwe

opica

Affe

plameniak

Flamingo

papagáj

Papagei

ľadový medveď

Eisbär

tučniak

Pinguin

žralok

Hai

páv

Pfau

had

Schlange

krokodíl

Krokodil

ošetrovateľ v ZOO

Zoowärter

tuleň

Robbe

jaguár

Jaguar

poník

Pony

leopard

Leopard

hroch

Nilpferd

žirafa

Giraffe

orol

Adler

diviak

Wildschwein

ryba

Fisch

korytnačka

Schildkröte

mrož

Walross

líška

Fuchs

gazela

Gazelle

americký futbal
American Football

cyklistika
Radfahren

tenis
Tennis

basketbal
Basketball

plávanie
Schwimmen

box
Boxen

hokej
Eishockey

futbal	bedminton	ľahká atletika
Fußball	Badminton	Leichtathletik
hádzaná	lyžovanie	pólo
Handball	Skilaufen	Polo

aktivity
Aktivitäten

smiať sa
lachen
skočiť
springen
objať
umarmen
chodiť
gehen
spievať
singen
snívať
träumen
modliť sa
beten
pobozkať
küssen

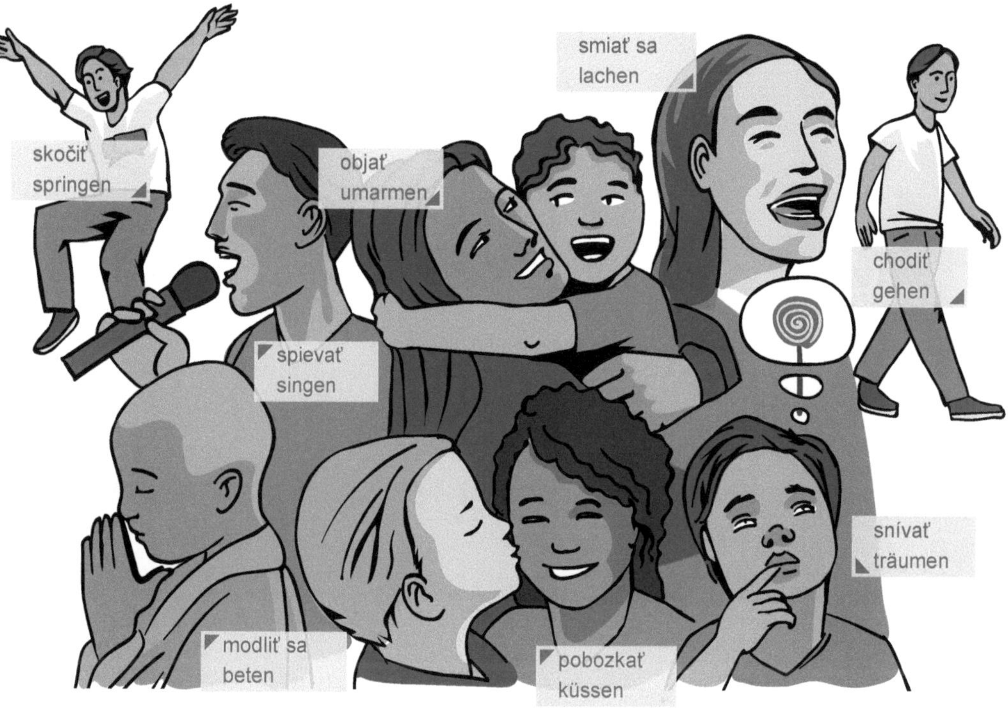

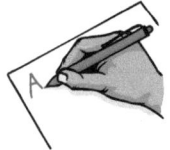

písať

schreiben

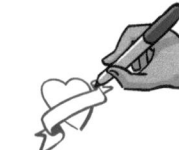

kresliť

zeichnen

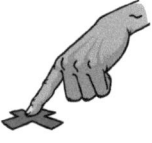

ukázať

zeigen

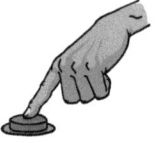

tlačiť

drücken

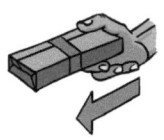

dať

geben

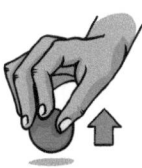

brať

nehmen

mať
....
haben

robiť
....
tun

byť
....
sein

stáť
....
stehen

bežať
....
laufen

ťahať
....
ziehen

hádzať
....
werfen

padnúť
....
fallen

ležať
....
liegen

čakať
....
warten

nosiť
....
tragen

sedieť
....
sitzen

obliecť sa
....
anziehen

spať
....
schlafen

zobudiť sa
....
aufwachen

pozerať

ansehen

plakať

weinen

hladkať

streicheln

česať

kämmen

hovoriť

reden

rozumieť

verstehen

pýtať sa

fragen

počuť

hören

piť

trinken

jesť

essen

upratať

aufräumen

milovať

lieben

variť

kochen

jazdiť

fahren

letieť

fliegen

plachtiť

segeln

počítať

rechnen

čítať

lesen

učiť sa

lernen

pracovať

arbeiten

oženiť

heiraten

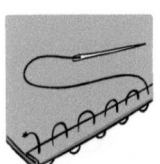

šiť

nähen

čistiť zuby

Zähne putzen

zabiť

töten

fajčiť

rauchen

poslať

senden

stará mama
Großmutter

starý otec
Großvater

otec
Vater

mama
Mutter

bábo
Baby

dcéra
Tochter

syn
Sohn

hosť

Gast

teta

Tante

strýko

Onkel

brat

Bruder

sestra

Schwester

telo

Körper

čelo
Stirn
oko
Auge
plece
Schulter
prst
Finger
tvár
Gesicht
brada
Kinn
ruka
Hand
noha
Bein
hruď
Brust
rameno
Arm

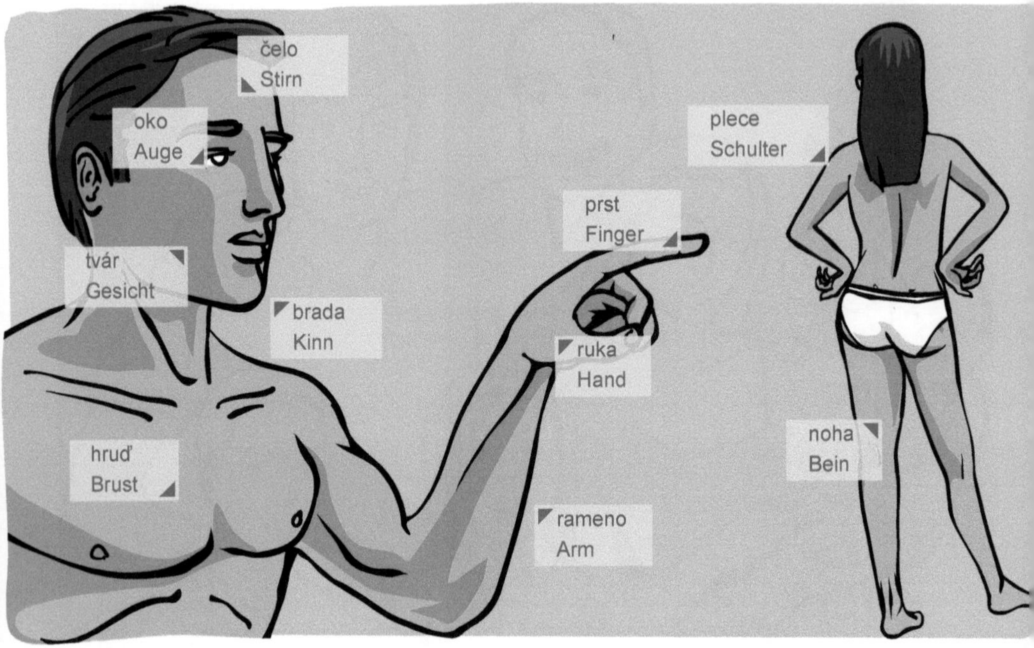

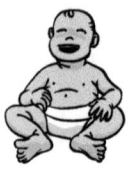

bábo

Baby

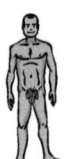

muž

Mann

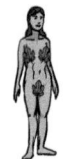

žena

Frau

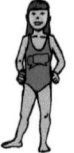

dievča

Mädchen

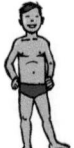

chlapec

Junge

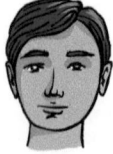

hlava

Kopf

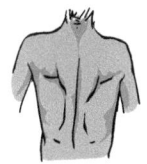

chrbát

Rücken

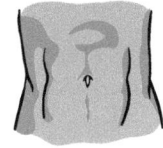

brucho

Bauch

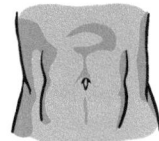

pupok

Nabel

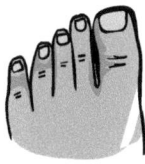

prst na nohe

Zeh

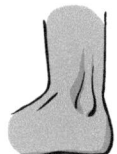

päta

Ferse

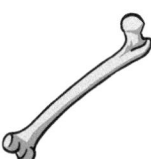

kosť

Knochen

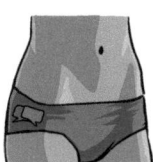

bok

Hüfte

koleno

Knie

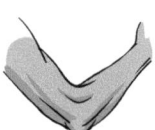

lakeť

Ellenbogen

nos

Nase

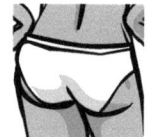

zadok

Gesäß

koža

Haut

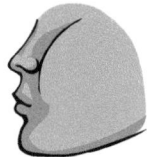

líce

Wange

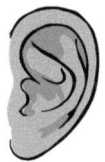

ucho

Ohr

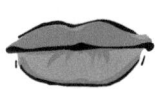

pery

Lippe

ústa

Mund

zub

Zahn

jazyk

Zunge

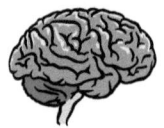

mozog

Gehirn

srdce

Herz

svaly

Muskel

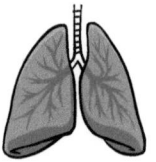

pľúca

Lunge

pečeň

Leber

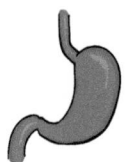

žalúdok

Magen

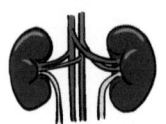

obličky

Nieren

pohlavný styk

Geschlechtsverkehr

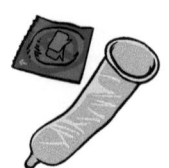

kondóm

Kondom

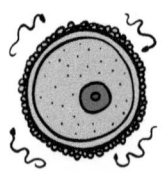

vaječná bunka

Eizelle

semeno

Sperma

tehotenstvo

Schwangerschaft

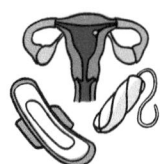

menštruácia

Menstruation

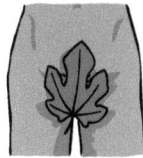

vagína

Vagina

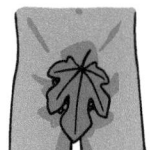

penis

Penis

obočie

Augenbraue

vlasy

Haar

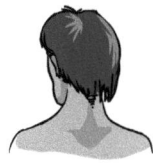

krk

Hals

nemocnica
Krankenhaus

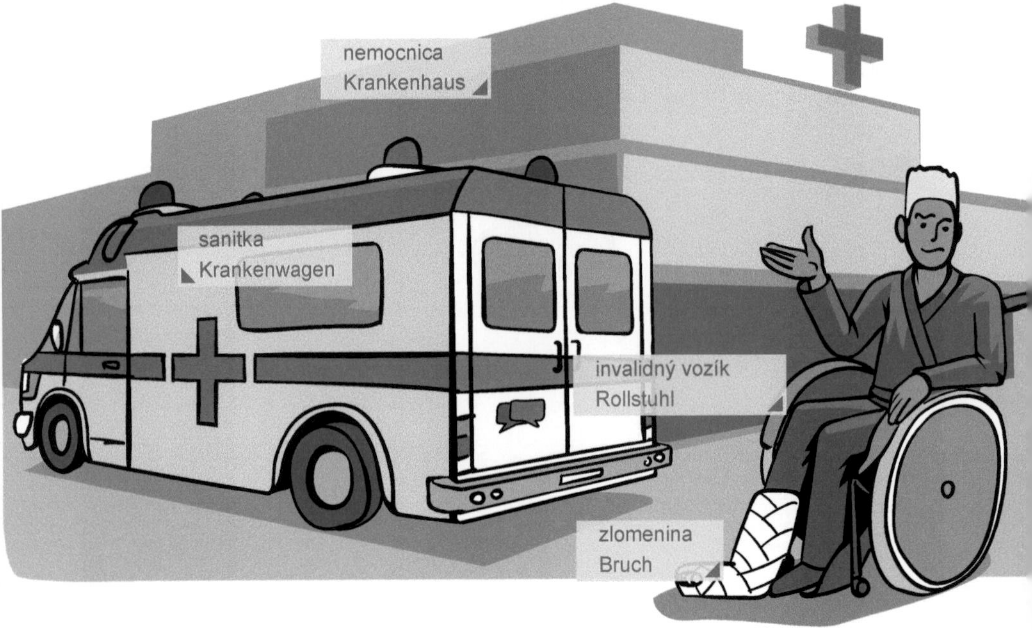

nemocnica
Krankenhaus
sanitka
Krankenwagen
invalidný vozík
Rollstuhl
zlomenina
Bruch

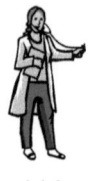

lekár

Arzt

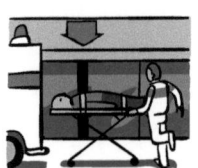

urgentný príjem

Notaufnahme

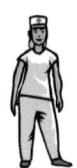

sestrička

Krankenschwester

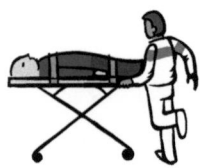

urgentný prípad

Notfall

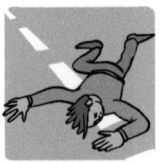

v bezvedomí

ohnmächtig

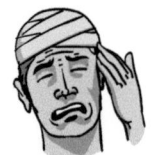

bolesť

Schmerz

zranenie

Verletzung

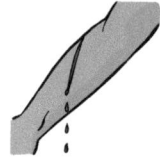

krvácanie

Blutung

srdcový infarkt

Herzinfarkt

mozgová porážka

Schlaganfall

alergia

Allergie

kašeľ

Husten

teplota

Fieber

chrípka

Grippe

hnačka

Durchfall

bolesť hlavy

Kopfschmerzen

rakovina

Krebs

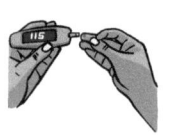

cukrovka

Diabetis

chirurg

Chirurg

skalpel

Skalpell

operácia

Operation

CT
CT

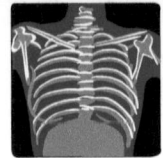

RTG
Röntgen

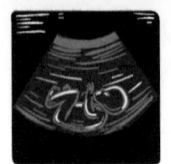

ultrazvuk
Ultraschall

maska
Maske

choroba
Krankheit

čakáreň
Wartezimmer

barla
Krücke

náplasť
Pflaster

obväz
Verband

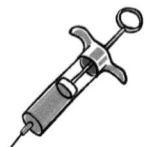

injekcia
Injektion

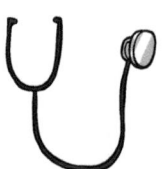

fonendoskop
Stethoskop

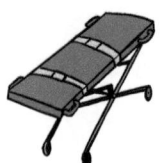

nosidlá
Trage

teplomer
Thermometer

pôrod
Geburt

nadváha
Übergewicht

audiofón

Hörgerät

dezinfekčný prostriedok

Desinfektionsmittel

infekcia

Infektion

vírus

Virus

HIV / AIDS

HIV / AIDS

medicína

Medizin

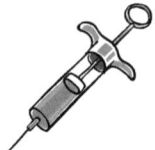

očkovanie

Impfung

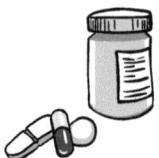

tabletky

Tabletten

antikoncepčná pilulka

Pille

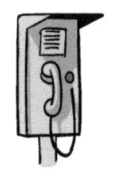

tiesňové volanie

Notruf

tlakomer

Blutdruck-Messgerät

chorý / zdravý

krank / gesund

Pomoc!

Hilfe!

alarm

Alarm

prepad

Überfall

útok

Angriff

nebezpečenstvo

Gefahr

núdzový východ

Notausgang

Horí!

Feuer!

hasičský prístroj

Feuerlöscher

nehoda

Unfall

kufrík prvej pomoci

Erste-Hilfe-Koffer

SOS

SOS

polícia

Polizei

Európa

Europa

Severná Amerika

Nordamerika

Južná Amerika

Südamerika

Afrika

Afrika

Ázia

Asien

Austrália

Australien

Atlantický oceán

Atlantik

Tichý oceán

Pazifik

Indický oceán

Indischer Ozean

Južný oceán

Antarktischer Ozean

Severný ľadový oceán

Arktischer Ozean

Severný pól

Nordpol

Južný pól
....
Südpol

Antarktída
....
Antarktis

Zem
....
Erde

krajina
....
Land

more
....
Meer

ostrov
....
Insel

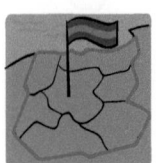

národ
....
Nation

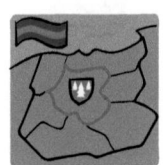

štát
....
Staat

ciferník

Zifferblatt

hodinová ručička

Stundenzeiger

minútová ručička

Minutenzeiger

sekundová ručička

Sekundenzeiger

Koľko je hodín?

Wie spät ist es?

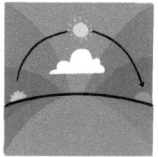

deň

Tag

čas

Zeit

teraz

jetzt

digitálne hodiny

Digitaluhr

minúta

Minute

hodina

Stunde

týždeň
Woche

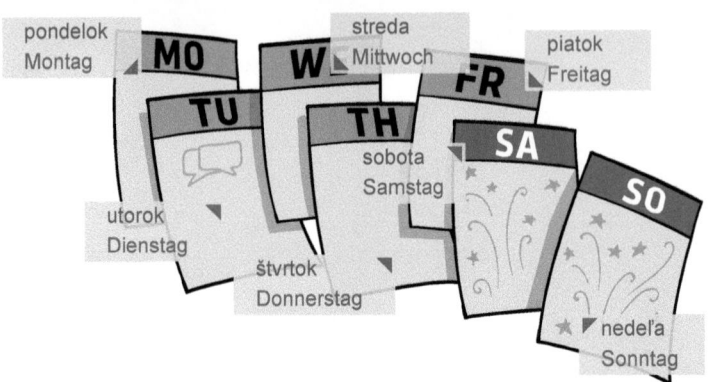

pondelok
Montag

streda
Mittwoch

piatok
Freitag

utorok
Dienstag

sobota
Samstag

štvrtok
Donnerstag

nedeľa
Sonntag

včera
....
gestern

dnes
....
heute

zajtra
....
morgen

ráno
....
Morgen

poludnie
....
Mittag

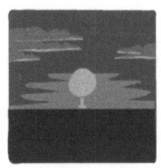

večer
....
Abend

MO	TU	WE	TH	FR	SA	SU
1	2	3	4	5	6	7
8	9	10	11	12	13	14
15	16	17	18	19	20	21
22	23	24	25	26	27	28
29	30	31	1	2	3	4

pracovné dni
....
Arbeitstage

MO	TU	WE	TH	FR	SA	SU
1	2	3	4	5	6	7
8	9	10	11	12	13	14
15	16	17	18	19	20	21
22	23	24	25	26	27	28
29	30	31	1	2	3	4

víkend
....
Wochenende

rok
Jahr

dážď
Regen
dúha
Regenbogen
vietor
Wind
sneh
Schnee
jar
Frühling
jeseň
Herbst
leto
Sommer
zima
Winter

4.APRIL 11°
5.APRIL 4°
6.APRIL 13°
7.APRIL 8°
8.APRIL 10°

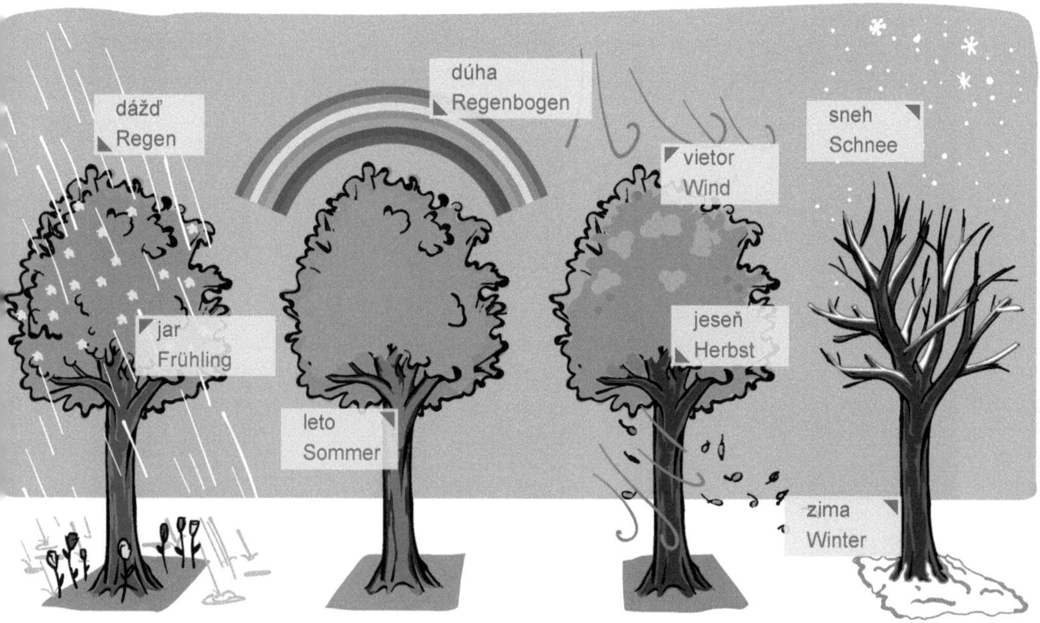

predpoveď počasia

Wettervorhersage

F C
120 40
90 30
60 20
30 10
0 0
-30 -10
-20

teplomer

Thermometer

slnečný svit

Sonnenschein

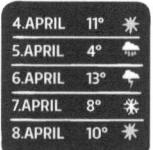

oblak

Wolke

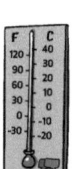

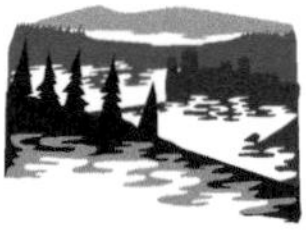

hmla

Nebel

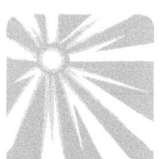

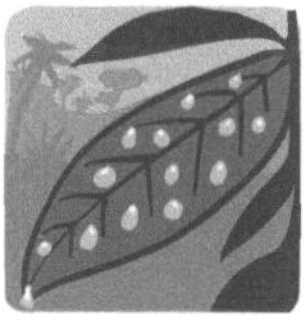

vlhkosť vzduchu

Luftfeuchtigkeit

blesk

Blitz

hrom

Donner

búrka

Sturm

krúpy

Hagel

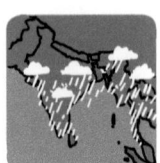

monzún

Monsun

záplava

Flut

ľad

Eis

január

Januar

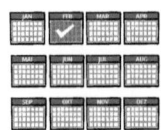

február

Februar

marec

März

apríl

April

máj

Mai

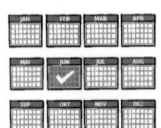

jún

Juni

júl

Juli

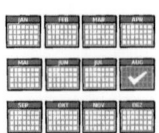

august

August

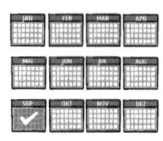

september
....
September

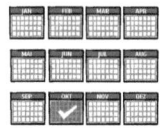

október
....
Oktober

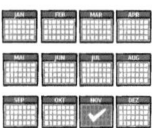

november
....
November

december
....
Dezember

tvary
Formen

kruh
....
Kreis

štvorec
....
Quadrat

obdĺžnik
....
Rechteck

trojuholník
....
Dreieck

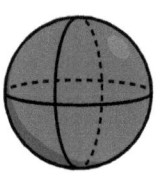

guľa
....
Kugel

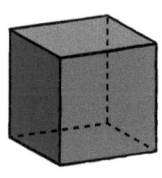

kocka
....
Würfel

biela

weiß

žltá

gelb

oranžová

orange

ružová

pink

červená

rot

fialová

lila

modrá

blau

zelená

grün

hnedá

braun

šedá

grau

čierna

schwarz

veľa / málo

viel / wenig

zúrivý / pokojný

wütend / friedlich

pekný / škaredý

hübsch / hässlich

začiatok / koniec

Anfang / Ende

veľký / malý

groß / klein

svetlý / tmavý

hell / dunkel

brat / sestra

Bruder / Schwester

čistý / špinavý

sauber / schmutzig

úplný / neúplný

vollständig / unvollständig

deň / noc

Tag / Nacht

mŕtvy / živý

tot / lebendig

široký / úzky

breit / schmal

chutný / nechutný

genießbar / ungenießbar

zlostný / láskavý

böse / freundlich

vzrušený / unudený

aufgeregt / gelangweilt

tlstý / chudý

dick / dünn

prvý / posledný

zuerst / zuletzt

priateľ / nepriateľ

Freund / Feind

plný / prázdny

voll / leer

tvrdý / mäkký

hart / weich

ťažký / ľahký

schwer / leicht

hlad / smäd

Hunger / Durst

chorý / zdravý

krank / gesund

nelegálny / legálny

illegal / legal

inteligentný / hlúpy

intelligent / dumm

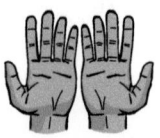

vľavo / vpravo

links / rechts

blízko / ďaleko

nah / fern

nový / použitý

neu / gebraucht

nič / niečo

nichts / etwas

starý / mladý

alt / jung

zapnuté / vypnuté

an / aus

otvorené / zatvorené

offen / geschlossen

tichý / hlasný

leise / laut

bohatý / chudobný

reich / arm

správne / nesprávne

richtig / falsch

drsný / hladký

rau / glatt

smutný / šťastný

traurig / glücklich

krátky / dlhý

kurz / lang

pomaly / rýchlo

langsam / schnell

mokrý / suchý

nass / trocken

teplý / studený

warm / kühl

vojna / mier

Krieg / Frieden

0

nula

null

1

jeden

eins

2

dva

zwei

3

tri

drei

4

štyri

vier

5

päť

fünf

6

šesť

sechs

7

sedem

sieben

8

osem

acht

9

deväť

neun

10

desať

zehn

11

jedenásť

elf

12

dvanásť

zwölf

13

trinásť

dreizehn

14

štrnásť

vierzehn

15

pätnásť

fünfzehn

16

šestnásť

sechzehn

17

sedemnásť

siebzehn

18

osemnásť

achtzehn

19

devätnásť

neunzehn

20

dvadsať

zwanzig

100

sto

hundert

1.000

tisíc

tausend

1.000.000

milión

million

angličtina

Englisch

americká angličtina

Amerikanisches Englisch

mandarínska čínština

Chinesisch Mandarin

hindčina

Hindi

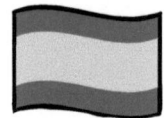

španielčina

Spanisch

francúzština

Französisch

arabčina

Arabisch

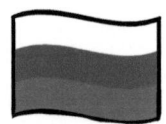

ruština

Russisch

portugalčina

Portugiesisch

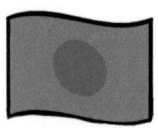

bengálčina

Bengalisch

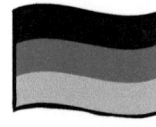

nemčina

Deutsch

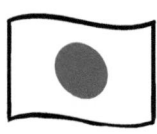

japončina

Japanisch

ja
ich

ty
du

on/ona/ono
er / sie / es

my
wir

vy
ihr

oni
sie

kto?
wer?

čo?
was?

ako?
wie?

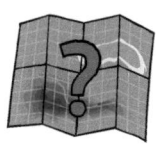

kde?
wo?

kedy?
wann?

meno
Name

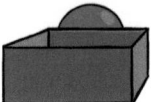

za

hinter

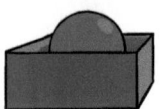

v

in

pred

vor

nad

über

na

auf

pod

unter

vedľa

neben

medzi

zwischen

miesto

Ort